Direction éditoriale : Murielle Couëslan
assistée de Marie-Kazumi Kojima
Direction artistique : Anne-Catherine Souletie
Illustration de la frise de la couverture : Sokona Tounkara

Conforme à la loi n°49.956 du 16 juillet 1949
sur les publications destinées à la jeunesse.

Dépôt légal : octobre 2005
ISBN : 2-09-211435-2 pour la partie livre
ISBN : 2-09-211436-0 pour le pack livre + CD
N° d'éditeur : 10118576
Imprimé en Espagne par Graficas Estella

KALI ET L'ÉLÉPHANT BLANC

Texte de Chloé Gabrielli d'après un conte d'Inde
Illustrations de Philippe Mignon

Nathan

KALI HABITE DANS UN PETIT VILLAGE DE PÊCHEURS, sur les plages de Goa, en Inde.

Chacun a son rôle au village : les mères travaillent à la rizière et les pères vont pêcher. Pendant ce temps, Kali et les autres garçons jouent sur la plage, alors que les filles s'occupent des plus jeunes.

Ce matin, Kali doit aller dans la forêt chercher des noix de coco pour le repas. Il a un peu peur de partir seul, mais sa mère le rassure :

– Kali, ne crains rien : le Grand Éléphant Blanc te protégera toujours, car tu es un bon garçon.

Kali est courageux : il prend le long chemin jusqu'aux cocotiers. Il sait qu'il faudra se méfier des animaux dangereux.

Après plusieurs heures de marche, Kali arrive enfin. Alors qu'il s'apprête à monter à l'arbre avec une corde attachée aux pieds, comme son père le lui a appris, Kali entend un grand bruit. Et soudain, un macaque apparaît et lui dit :

– Que fais-tu sur mon territoire ?

– Je veux seulement cueillir trois noix de coco... répond Kali.

– Alors je vais monter à ta place, dit le macaque en grimpant avec agilité. En échange, tu me donneras l'une de tes noix de coco. Promets aussi que plus personne de ton village ne me fera du mal.

– C'est entendu. Tu as ma parole.

Aussitôt dit, aussitôt fait. En moins de temps qu'il ne faut pour le dire, le macaque est en haut de l'arbre et fait tombe trois noix de coco.

Kali tend la plus belle des trois noix au macaque :

– Comme promis, voilà ta récompense. Merci encore.

Le macaque se régale pendant que Kali reprend le chemin du village avec les deux autres noix dans son sac. Le petit garçon hésite, puis il décide de prendre le raccourci qui passe par la rivière.

Les pluies de la mousson ont rempli la rivière plus que Kali ne le croyait. L'eau est trop profonde. Malgré tout, Kali relève son pantalon jusqu'aux genoux et s'engage prudemment dans la rivière.

Brusquement, un crocodile surgit devant lui :

– Que fais-tu sur mon territoire ?

– Je veux seulement rapporter deux noix de coco... répond l'enfant inquiet.

– Alors je vais nager à ta place, dit le crocodile en s'enfonçant dans l'eau. En échange, tu me donneras l'une de tes noix de coco. Promets aussi que plus personne de ton village ne me fera du mal.

– C'est entendu. Tu as ma parole.

Aussitôt dit, aussitôt fait. En moins de temps qu'il ne faut pour le dire, Kali monte sur le dos du crocodile et tous les deux traversent la rivière.

Arrivé de l'autre côté, Kali tend la plus belle des deux noix de coco au crocodile :

– Comme promis, voilà ta récompense. Merci encore.

Le crocodile se régale pendant que Kali reprend le chemin du village.

Kali veut encore gagner du temps : il décide de traverser la forêt de cactus où personne ne passe jamais. Mais immédiatement, les épines des cactus s'accrochent à ses vêtements.

Le macaque, qui l'a suivi, voudrait l'aider à nouveau. Mais les épines sont trop longues pour que le macaque puisse s'approcher.

Le crocodile a suivi Kali, lui aussi. Mais les cactus sont trop bas pour que le crocodile puisse passer.

Bientôt, Kali est encerclé par les cactus : il ne peut plus ni avancer, ni reculer.

Kali pleure et crie :

– Au secours ! À l'aide !

Alors, apparaît le Grand Éléphant Blanc, l'éléphant que l'on dit magique.

– N'aie pas peur, Kali !

Rassuré, le garçon s'exclame :

– Maman m'avait bien dit que tu me protégerais.

L'éléphant écrase les cactus autour de Kali et le libère :

– Allons, monte sur mon dos.

Kali grimpe sur le dos de l'éléphant :

– Je ne peux rien te donner en échange de ton aide, il ne me reste qu'une noix de coco pour le repas...

– Je ne veux rien. Je suis là pour te protéger et te ramener chez tes parents.

Aussitôt dit, aussitôt fait. En moins de temps qu'il ne faut pour le dire, l'éléphant traverse la forêt de cactus et dépose Kali, sain et sauf, devant le village.

Le Grand Éléphant Blanc s'éloigne paisiblement et Kali murmure :

– Merci. Je ne t'oublierai jamais.

– Et moi, je te protégerai toujours...

Sa noix de coco serrée contre lui, Kali arrive devant sa maison. Ses parents et sa sœur sont heureux de le voir revenir.

Sa mère le prend tendrement dans ses bras :

– Le Grand Éléphant Blanc est magique : il t'a protégé, Kali.

– Tu avais raison, maman...

Alors l'enfant raconte toute son aventure.

Depuis ce jour, Kali a tenu sa promesse. En Inde, personne ne mange de crocodiles, ni d'autres animaux, et les macaques sont toujours les bienvenus dans les villes et les villages.

Personne n'a jamais revu le Grand Éléphant Blanc, mais depuis ce jour, tout le monde sait qu'il protège Kali.

Écoute ce chant indien…

Tends bien l'oreille ! Tu vas entendre quelques instruments indiens…

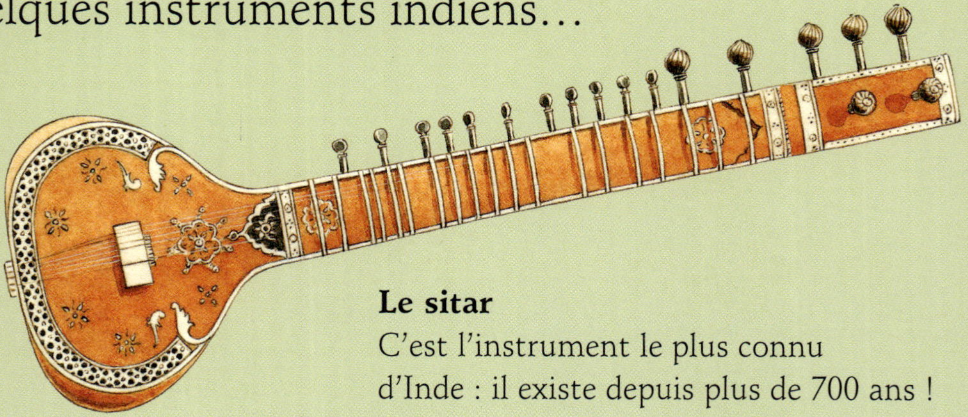

Le sitar

C'est l'instrument le plus connu d'Inde : il existe depuis plus de 700 ans !

Le tabla

Cette percussion est composée de deux tambours : le « bayan », sur lequel le musicien frappe de la main gauche, et le « dayan », plus petit pour la main droite. Le « bayan », en métal, a un son plus grave que le « dayan », composé de bois.

Les bracelets

À chacun de ses mouvements, la danseuse fait tinter les clochettes accrochées à ses chevilles et autour de sa taille. On appelle « ghungur » les grappes de grelots fixées aux chevilles.